Pochacco × How to Stop Worrying and Start Living

ポチャッコの『道は開ける』

不安から自由になる行動法

朝日文庫

はじめに

デール・カーネギーは
話し方講座の教師として成功し
著書は大ベストセラーになっている人物です。

しかし若いころは、嫌な仕事に追われ、
収入は少なく、孤独で将来に希望の持てない
苦難に満ちた日々を過ごしています。

成功したカーネギーは生徒から相談を受け、
自身の辛い日々をふりかえるうちに
「不安」や「悩み」こそが、
人を疲れさせ、集中力を下げてしまい、
幸福感を失わせる大きな原因だと気づきます。

そこで、不安の正体を学び、
悩み込まないための具体的なアドバイスを
綴ったのが『道は開ける』です。

不安でおしつぶされそうで、
毎日を生きづらく感じていたら
ポチャッコと一緒に本書をひらいて
心が解放される方法を身につけましょう！

KEYWORDS

13 明日も笑顔でいるために今日を楽しく生きること。

14 ひとつずつこなしていけば、必ずゴールへたどりつく。

15 不安って、過去と未来を行ったり来たりすること。

16 「いつか」ではなく、今、何をするか。

17 不安を安心に変える魔法の3ステップ。

18 逃げなくていい。ごまかさなくていい。大丈夫だから。

19 あなたが心配しているほど悪いことは起こらない。

20 不安の源は恐怖心。動き出せば消えてしまう。

21 笑顔が先。笑えば心は元気になる。

23 心の疲れを癒やしたいなら緑の中に出かけよう。

24 感情はあと。科学者のような冷静さを持って。

25 心配の多くは勘違い。
「それって本当?」って、自分に尋ねよう。

26 誰よりも、自分の味方になろう。

27 「自分が相手なら?」そんな問いも大事。

28 不安がなくなる4つのステップ。

29 悶々と考え続けるよりも行動するほうがずっと簡単!

30 あなたのことを一番サポートできるのはあなた！

31 今やることに打ち込んで、
アレコレ考えるのをやめてしまおう。

32 自分にダメ出しをする時間をなくそう。

33 アフターファイブはとことん楽しむ時間。

34 何に絶望して動けずにいるのか、冷静に受け止めよう。

36 ぼーっとしている時間が悩みを生み出している。

37 なりたい自分を素直に目指してもいい。

38 起きてもいないことを怖がるのは、もうやめよう。

39 得意な人、その道のプロに手伝ってもらおう。

40 過去のデータを参考にして行動目標を立てよう。

41 つらかった経験を何度も思い出して
余計につらくならないで。

42　自分の力が及ばないことは受け入れてしまおう。

43　どんな状況でも、楽しいことや幸せは必ず見つかる。

44　どんな相手の言葉も「そういうこともあるかも」と柔軟に受け止めてみよう。

45　勇気を出して。今できることに精一杯、力を注ごう。

46　自分なりの引き際を決めておこう。

47　お金を使うときは3つの問いで価値を見極めよう。

48　過去は後悔するものではなく、学んで、活かすもの。

49　どんなときも、まっすぐ前を向いて胸を張っていよう。

50　素敵な未来を引き寄せる考え方を身につけよう。

52　「自分にはできる」根拠のない自己暗示も時には必要。

53　どんなものごとにも、必ず良い面がある。

54　落ち込んだ日こそ家にこもらずでかけよう。

55　「今日だけは楽しむ」と決めよう。

56　夢を叶えるまでの長い道のりは、今日の一歩からはじまる。

57　仕返しや嫉妬は時間と労力のムダ。

58　怒りや憎悪を抱えるのは、敵に塩を送るのと同じ。

59　幸せになる秘訣は嫌なことを忘れてしまうこと。

60　誰かの言葉で傷つくのは止めて、
　　自分のための大きな目標を立てよう。

61　人の怒りを収められるのは真摯な態度と情熱だけ。

62　感謝されることを期待するより、感謝できる人になろう。

63　心が穏やかになるための３つのルール。

64　してあげたことよりも、
　　してもらったことに目を向けよう。

66　ないものに目を向けて落ち込むより、
　　あるものに感謝しよう。

67　問題の数ではなく、幸せの数を数えよう。

68　自分らしさも魅力も、自分で決めていい。

69　今までやったことがないことに挑戦しよう。

70　ありのままの自分で堂々と生きよう。

71 あなたはこの世にたった一人の魅力的な人間。

72 誰かをうらやむよりも自分の強みを発掘しよう。

73 他の誰かみたいになろうとしていない？

74 自分の強みを最大限に活かせば誰でも幸せになれる。

75 庭を手入れするように、丁寧に自分の世話をしよう。

76 今いる場所が望んだところでなくても、
楽しむことはできる。

77 人生のマイナスをプラスに変えるために作戦を練ろう。

78 仲間のためになることを考え、行動しよう。

80 今までやっていた「やりたくないこと」を
やめてしまおう。

81 一日に一度、誰かが笑顔になることをしよう。

82 他人の人生に関心を持ち、聞き上手になろう。

83　問題を曖昧にしないで紙に書き出してみよう。

84　抱えている問題があるときは、誰かに話してみよう。

85　足を引っ張られたり批判されたりするのは、
　　価値があるという証拠。

86　いわれのない批判には鈍感でいよう。

87　前向きになるための４つの質問。

88　ベストを尽くしたら、
　　どんな結果になっても胸を張ろう。

90　自分のことを思って意見をくれる
　　友人や先輩を大事にする。

91　ライバルの意見にはヒントがたくさん隠れている。

92　ノンストップで頑張るのをやめて十分な休息を取ろう。

93　自分の不安を友達や恋人に打ち明けてみよう。

94　心に響いた言葉を書き留めるノートを作ろう。

95　友達や恋人の短所にばかり目を向けず、
　　長所をリストアップしよう。

96　今取り組んでいる仕事以外のものは
　　デスクから片づけよう。

97　重要な仕事から手をつける習慣を身につけよう。

98　問題が起きたとき、後回しにしないこと。

99	何でも自分でやらず、誰かに任せる勇気を持とう。
100	プラス思考の秘訣は、毎日自分を応援すること。
102	天職を見つけたいなら人に聞いてみる。
103	つまらない仕事にこそ、楽しむ工夫が必要。
104	「楽しいなあ」と声に出しているうちに本当に楽しくなる。
105	好きなことを仕事にしよう。
106	自分がやりたい仕事を長年やっている人に話を聞こう。
107	あなたに向いている仕事は、ひとつではない。
108	お金のことが心配なら、支出を一度書き出してみよう。
109	収入の多さにかかわらず、お金の上手な使い方を考えよう。
110	悩みが尽きないとき、 自分に質問すべきたった1つのこと。
111	日々の便利さに目を向けよう。
112	人生から心配を追い出す5つの方法。
113	昨日頑張れたなら、今日も頑張れる。
114	自分の魅力に気づいてくれる人と一緒にいよう。
116	体を思い切り動かせば、心配事は自然に消えてしまう。
117	悩み癖から抜け出す3つのルール。

118　小さな悩みを一緒に笑い飛ばしてくれる人に感謝。

119　すべてのことに、まっすぐ向き合おう。

120　ゴミ箱にゴミを捨てるように不安も捨ててしまおう。

121　悩む時間がなくなるほど、
　　　毎日予定でいっぱいにしよう。

122　時間があらゆる悩みを解決してくれる。

123　不幸になるのも習慣、幸せになるのも習慣。

124　良い言葉が、良い環境、良い仲間を呼ぶ。

125　仕事のことを忘れる時間を持とう。

126　何があっても、「自分の人生から逃げない」
　　　と決める。

明日も笑顔でいるために
今日を楽しく生きること。

未来のことを考えて、あれこれ心配するよりも、何でもいいから今日できることを精一杯やってみよう。毎日の小さなチャレンジが、素敵な明日を連れてくる。そう思ったら、俄然やる気がでてこない？

すべての知恵と情熱とを今日一日に傾けることこそが、明日に備える最上の手段であるということだ。未来への準備とは、そのようにしかできないものなのだ。『パート1（一）　今日というひと区切りを生きる』

ひとつずつこなしていけば、
必ずゴールへたどりつく。

高い山だって、一歩ずつ登れば必ず頂上にたどり着く。山積みの仕事も、ひとつずつやれば必ず終わる。どんなことだって、ひとつずつ丁寧に。それが、目的地にたどり着く最善で最短の方法だから。

『一度に砂をひと粒。一度に仕事をひとつ』。この言葉を何度も何度も繰り返しながら、私はできるだけ能率的に仕事を片づけようとがんばった。『パート1(一) 今日というひと区切りを生きる』

不安って、過去と未来を行ったり来たりすること。

過去に起きたことを後悔し、未来に起きるかもしれないことを憂いて落ち込んでしまう。不安っていうのは、過去と未来が交互に頭の中に現れること。そして、動けなくなってしまうことなんだ。

未来の重荷を過去の重荷と一緒に背負おうなどとしたならば、よろめかずに今日を生きることなどできはしない。『パート1（一）今日というひと区切りを生きる』

「いつか」ではなく、今、何をするか。

「いつか」って一体いつのこと？ 今、動き出さなければ、「いつか」は永遠にやってこない。目の前にある今を精一杯に生きている人にだけ、素敵な未来が待っている。さあ、「今」一歩踏み出してみよう。

<small>私の知る限り人類最大の悲劇とは、誰もが生きることを先延ばしにしてしまうことである。『パート1（一） 今日というひと区切りを生きる』</small>

不安を安心に変える
魔法の3ステップ。

①「最悪どうなる?」と考え ②受け止める心づもりをし ③そうならないように落ち着いて策を練って動く。この3つを心がけるだけで、前向きな気持ちが湧いてきて、よい結果が生まれるよ。

恐怖心を棚上げして『最悪の場合どんな失敗が起こりえるのか』ということを、ありのまま検討してみることです。『パート1（二）不安を取り去る魔法の公式』

逃げなくていい。
ごまかさなくていい。
大丈夫だから。

失敗したときは誰でも怖くなる。でも、割れた花瓶は元には戻らない。だから、まずは、今起きていることを受け止めてみよう。新しい花瓶を探しに行けばいいだけ。

不安とは、人から物事に集中する力を奪ってしまう最大の敵だからです。不安でいると考えがあちらこちらへ飛び回り、私たちは決定力を失ってしまいます。『パート1（二）　不安を取り去る魔法の公式』

あなたが心配しているほど
悪いことは起こらない。

「失敗するのが怖い」と思っているときは、不安だけが大きくなっていく。「ダメになってもいいや。他にも仕事はある」「これがうまくいかなくても、また次があるさ」と気軽に捉えると、次の一歩が踏み出しやすくなるよ。

最悪の場合、会社がつぶれてしまうことになるだろう。だけど、牢屋にぶち込まれるわけじゃない。『パート１（二）　不安を取り去る魔法の公式』

不安の源は恐怖心。
動き出せば消えてしまう。

やったことがないことをやるときは不安になるもの。その不安の底にあるのは、得体の知れない怖さだったりする。未知のものへの恐れも、一度経験したら途端に怖くなくなる。だから、まずはやってみることが大事なんだ。

恐怖と不安とを捨てることができれば、病院を訪れる患者の七割は、自己治癒することができる。『パート１（三） 不安は人を食いつぶす』

笑顔が先。
笑えば心は元気になる。

病は気からというように、不安も気からやってくる。笑っている時に不安にはなれない。心配事があるときほど、コメディ番組や笑える動画を見て元気をもらおう。

不安ほど早く女性を老けさせ、衰えさせるものもあまり無い。不安でいると、表情が固まってしまう。『パート1（三）　不安は人を食いつぶす』

心の疲れを癒やしたいなら
緑の中に出かけよう。

悩みがあるときは緊張して心も体も疲れて
しまっている。時には旅に出て、自然の中
に身を置いてみよう。日常から離れてゆっ
くり睡眠を取ること。目が覚めたら、不思
議と心が軽くなっているはず。

人をリラックスさせ力を回復させてくれるのは、健全な宗教と、
睡眠と、そして笑いです。『パート1(三)　不安は人を食いつぶす』

感情はあと。科学者のような冷静さを持って。

親のこと、お金のこと、恋人のこと……。人生いろいろ起きるけど、感情に流されないことが大切。冷静に、どのくらい深刻なのかを見つめてみよう。目を背けていたせいで大きく感じていた問題が、急に小さく見えてくることも。

ちゃんとそこを把握しておかないかぎり、合理的に問題を解決することができないからだ。『パート2（四）　どのように不安をひもとき解決するか』

心配の多くは勘違い。
「それって本当?」って、
自分に尋ねよう。

何が起きているのかを正確に確認しない限り、解決法は見えてこない。「それは事実? それともただの思い込み?」と自分に質問してみて。

ただシンプルに、事実の収集にのみ集中する。そうすると、火曜日がやって来るころには、事実の把握もすっかり終わり、問題は自ら解決されてしまっているものなんだ。『パート2(四) どのように不安をひもとき解決するか』

誰よりも、
自分の味方になろう。

自分を責めるのではなく、自分を応援しよう。まるで、友だちに相談されているかのように、自分の相談に乗って励ますこと。そして、自分を導こう。そうすれば、物事が客観的に見えてきて冷静な判断と行動ができるようになるよ。

自分を不安にさせている問題にまつわる事実を集めるときに、相手側の弁護士となって自分を論破するつもりになってみること。
『パート２（四）　どのように不安をひもとき解決するか』

「自分が相手なら?」
そんな問いも大事。

自分の言い分を通そうと頑(かたく)なになるよりも、相手の言い分を書き出してみよう。相手の立場になると、冷静に問題を見ることができて、お互いの望みを叶える方法が見つかるはず。

事実というものは書き出してから分析するほうがずっと簡単なのだということに気がついた。『パート2（四）どのように不安をひもとき解決するか』

不安がなくなる
4つのステップ。

①自分が不安に感じていることを書き出し ②赤ペンで、その不安を解決するために今から何ができるのかを書き出し ③どうするのかを決めて ④今すぐに動き出すこと。

1 何が不安なのかを明確に書き出す 2 自分に何ができるのかを書き出す 3 どうするべきかを決める 4 その決断を、即座に行動に移す 『パート2（四） どのように不安をひもとき解決するか』

悶々と考え続けるよりも
行動するほうがずっと簡単!

まだ起きてもいないことについて考え続けていると、頭の中でネガティブな妄想が広がって、どんどん後ろ向きになってしまう。先を予測できなくても、とにかく行動してみると、意外とうまくいくことも。

行動に移さないかぎり、いくら事実を見つけ出して分析しようとも、それは単なるエネルギーの無駄使いに過ぎないのだ。『パート2(四) どのように不安をひもとき解決するか』

あなたのことを
一番サポートできるのはあなた！

悩みはあなたの心から生まれている。だから、解決できるのはあなただけ。うじうじひとりで悩み続けるよりも、今の自分をどうやって援護できるか、自分会議を開いて検討してみよう。

あなたが抱えるビジネス上の悩みを半減させることなどできないかもしれない。突き詰めて言えば、そんなことができるのはあなた自身しかいないからだ。『パート2（五）　仕事の悩みを半減させる』

今やることに打ち込んで、アレコレ考えるのをやめてしまおう。

仕事の失敗や、恋の終わりで、心が壊れてしまいそうなときは、今やらなくてはいけないことリストを作ろう。タスクに集中すれば、悲しみにくれる時間もなくなるから。

ちゃんと計画と思考とが必要なものに打ち込んでいると、むしろ不安でいることのほうが難しいのだと、私は発見しました。『パート３（六）　心から不安を追い出すために』

自分にダメ出しをする
時間をなくそう。

いつまでも失敗を引きずって、自分の未来を心配して落ち込むなんてもったいない！
　その分、習い事や趣味に時間を割いて、楽しく予定を埋めていこう。

忙しくしていないと、人の心は真空に近づいていってしまう。
『パート3（六）　心から不安を追い出すために』

アフターファイブは
とことん楽しむ時間。

仕事が終わったら、そのまま家に帰って一人で閉じこもらずに、今までやらなかったことに挑戦しよう。仕事だけの人生から降りて新しい風を取り込めば、生きがいが増え、自分の居場所と味方が増えるはずだよ。

「不安は一日の仕事が終わり、ほっとしたそのときに人に取り憑きにやってくるものだ。(中略)建設的なことに没頭するのがいちばんいい」『パート3(六) 心から不安を追い出すために』

何に絶望して
動けずにいるのか、
冷静に受け止めよう。

友人に悪口を言われたり、恋人に傷つけられたり、上司にひどく怒られたり……。自尊心を傷つけられ、悲しみにくれている自分に「つらかったね、苦しかったね」と声をかけて、動き出す勇気を取り戻そう。

世界にはびこる苦しみや悲しみの半分以上は、自尊心に対する些細な攻撃や侮辱を受けたり、虚栄心を傷つけられたりすることがきっかけで生まれているのだ。『パート3（七）　カブトムシに負けるな』

ぼーっとしている時間が
悩みを生み出している。

明日やることがないと、孤独を感じて、ネガティブになる時間を生み出してしまう。明日やるべきことを、今日決めて、それをどうやってこなすか考えよう。そうすれば、つまらないことに悩む時間なんてなくなる。

正気を保つため、提督は常になにかで忙しくしていなくてはいけなかった。『パート３（六）　心から不安を追い出すために』

なりたい自分を
素直に目指してもいい。

人の一生は意外と短く巻き戻せない。日々のささいなことに心を痛めて足を止めるよりも、1年後、5年後、10年後、「こうなりたい自分」に向かって進んでいこう。小さな悩みなんか、あっという間に消えてしまうから。

取るに足らないような些細なことで自分を見失ってはいけない。「小さなことにこだわっている間に、人生は終わってしまう」。この言葉を胸に刻むこと。『パート3（七）　カブトムシに負けるな』

起きてもいないことを
怖がるのは、もうやめよう。

まだ手をつけてもいないことについて、失敗するかもしれない可能性を考え続けて不安になるよりも「どうやったら成功するか」を考えてワクワクしよう。問題が起きたら、そのときに考えればいいのだから。

平均の法則を元に、その不安が本当に現実になりえるかどうか、ひとつ検証してみよう。『パート3（八）　数多の不安を追い出す法』

得意な人、その道のプロに手伝ってもらおう。

初めてのプロジェクトや新部署への異動で不安を感じた時は、長くそこにいる先輩や頼れる人にアドバイスをもらおう。困った時は素直に助けを求めよう。熟練者の応援があるだけで、前向きな気持ちになれるよ。

僕たちには案内の名手、ブルースター家の案内人がついてるじゃないか。彼らは辺りの山々にテントを張って六十年というベテランだ。『パート3（八）数多の不安を追い出す法』

過去のデータを参考にして
行動目標を立てよう。

これまでの経験や、世の中にあふれる情報をうまく使おう。今からやろうとすることのリスクについて過去のデータを調べて、冷静に分析すれば、最悪の事態を避けるための具体策が浮かんでくる。

これはつまり、「船から退避する時間はじゅうぶんあると同時に、死亡率はものすごく低いのだ」ということを示していた。『パート3（八） 数多の不安を追い出す法』

つらかった経験を
何度も思い出して
余計につらくならないで。

起きてしまったことはどうしようもないこと。これまでに起きた、悲しいできごとや失敗を振り返り、自分を傷つけるのはもうやめよう。

誰でも過去を振り返ってみれば、どうしようもない不幸な時間は数限りなく見つかる。だが、それは変えられないこと。『パート3（九）　変えられない運命と調和すること』

自分の力が及ばないことは受け入れてしまおう。

一生懸命に頑張っても思い通りにならないことってある。抵抗せずにありのままを受け入れてみよう。小さなことでも、自分が変えられるものを見つけて100%の力を注げば、少しずつ、悩みはなくなっていく。

「すべてはありのまま。そうとしかあり得ず」。これは、そう簡単に身につくものではない。『パート3（九）　変えられない運命と調和すること』

どんな状況でも、楽しいことや幸せは必ず見つかる。

幸と不幸を決めるのは状況ではなく自分の心。「自分は幸せでいる」と決めて、周囲を見渡してみて。苦しいことよりも、楽しいことに目を向けてみよう。そうすれば、ものごとは必ず良い方向に向かうよ。

言うまでもないことだが、身のまわりの状況だけで人の幸と不幸とが決まるわけではない。人がどう感じるかは、本人が状況に対してどう反応するかで決まるのだ。『パート3（九）変えられない運命と調和すること』

どんな相手の言葉も
「そういうこともあるかも」
と柔軟に受け止めてみよう。

目標を達成するための方法は、思っているよりもたくさんある。自分が今まで生きてきた中で培った小さな価値観や方法を押し通すより、たくさんの人の意見や価値観に触れよう。

柔術の達人は「樫のように力に逆らうのではなく、柳のように曲がれ」と教える。『パート3（九） 変えられない運命と調和すること』

勇気を出して。
今できることに
精一杯、力を注ごう。

仕事や人間関係に行き詰まったら、ざわめく感情のストップボタンを押して、今から自分の力で変えられることが何なのかを考えてみよう。

神よ、変えられないものを受け入れる心の平静をお与えください。変えられることを変えるための勇気と、その違いを知る知恵とを。
『パート3（九）　変えられない運命と調和すること』

自分なりの
引き際を決めておこう。

「1年間取り組んでもうまくいかなかったらやめる」「30分待っても来なかったら帰る」など、自分の行動にあらかじめ期限を決めて取り組めば、惰性で時間を無駄にすることがなくなるし、決断も早くなるよ。

<small>いらいらすることや腹がたつことに出くわすと、私はストップロス・オーダーを出すようにしたのです。効果は、まるで魔法のようでした。『パート3（十）あなたの不安にストップロス・オーダーをかける』</small>

お金を使うときは
3つの問いで
価値を見極めよう。

①自分にとってどれほど重要だろう？ ②これ以上買わない、使いすぎのラインはどこだろう？ ③本来の価値よりも、多く払いすぎていないだろうか？

人間に降りかかる悲劇の大半は、人が物事の価値を見誤って、自分のホイッスルにお金を払いすぎてしまうから起こるのだ。
『パート3(十) あなたの不安にストップロス・オーダーをかける』

過去は後悔するものではなく、 学んで、活かすもの。

1秒前であっても、過去はけっして変えられない。起きてしまったことを悔やんでも仕方がない。「次はこうしよう」と切り替えられたらそれでOK。いつまでも引きずらず、さっさと忘れてしまおう。

確かに、その過去に受ける影響を変えてゆくことはできるだろうが、過去に起きたできごとそのものは、もうどうしようもないのである。『パート3（十一）　ノコギリでオガクズを挽いてはいけない』

どんなときも、
まっすぐ前を向いて
胸を張っていよう。

不安や問題を抱えていると人は前かがみに
なりがち。胸に一輪の花を挿したつもりで、
まっすぐに前を向けば、助けてくれる人の
存在や解決法も見えてくるよ。

人は深刻な問題を心に留めていても、まっすぐ前を向き、胸にカーネーションを挿して歩くことができる。『パート4（十二）人生を変えてくれる言葉』

素敵な未来を引き寄せる
考え方を身につけよう。

ポジティブな思考でいれば、未来はポジ
ティブに、ネガティブな思考でいれば未来
はネガティブになる。素敵な未来を作りた
いのなら、今、何を思い描いているか、が
大切だよ。

私たちが向き合うべきもっとも大きな問題――いや、唯一の問題
と言ってもいいが――は、「どう正しい考え方を選ぶか」という
ことである。『パート4（十二）　人生を変えてくれる言葉』

「自分にはできる」根拠のない 自己暗示も時には必要。

自信が持てずに踏み出せないのは、気づかぬうちに自分自身を悪く評価しているから。「私はダメだ」と悩むのをやめて、「私は大丈夫」と、自分に励ましの言葉をかけよう。

ときおり不安が心に忍び込んでこようとすると、私はレンズの焦点を合わせろ、と自分に言い聞かせます。それだけで問題は消え去ってしまうのです。『パート4（十二）人生を変えてくれる言葉』

どんなものごとにも、
必ず良い面がある。

仕事で失敗したときも、その影にチャンスが隠れているかもしれないし、恋人と別れても次の出会いに繋がるかもしれない。そう思えれば、人生をいつでも良い方向に向かわせることができる。

「人はできごとそのものではなく、できごとを自分がどう見るかで傷つくのである」『パート4（十二）　人生を変えてくれる言葉』

落ち込んだ日こそ
家にこもらずでかけよう。

気持ちが沈んだときも、元気なフリをしてみると、いつの間にか元気になっているもの。仕事で嫌なことがあった日は、すぐに家に帰らずに、学びや趣味の予定を入れてリフレッシュしよう。楽しくすごしているうちに、いつのまにか元気になれるから。

「つまり、明るい気持ちでいられなくなったときに回復への道を自ら歩むには、もうすっかり元気になったかのように振る舞い、話すことなのだ」『パート4（十二） 人生を変えてくれる言葉』

「今日だけは楽しむ」と決めよう。

「何があっても今日は絶対に楽しむ」と決めて一日を過ごしてみると、トラブルに対しても「よーし、どう解決しよう」とゲームみたいに思えてくる。そうなれば、毎日を楽しく過ごすことができるはず。

「私たちはほぼ誰もみな、自分がこのくらい幸福になろうと思った分、幸福になることができる」『パート４（十二） 人生を変えてくれる言葉』

夢を叶えるまでの
長い道のりは、
今日の一歩からはじまる。

夢を叶えたい、ずっと成功し続けなくては
ならない、失敗してはいけない、と気を張っ
て途方にくれるよりも、今日一日どう動く
のか予定をきっちり立ててみよう。

今日だけは、計画を立てて暮らそう。（中略）守れるかどうかは
別として、とにかく書いてみよう。そうすれば、焦燥感と優柔不
断という、ふたつの病から解放される。『パート4（十二）人生
を変えてくれる言葉』

仕返しや嫉妬は
時間と労力のムダ。

誰かのせいで嫌な目に遭ったら、さっさとその場から離れよう。仕返しを考え、見返してやろうと思わないこと。嫌な人のことは放っておいて、自分が楽しくなることへ目を向けよう。

仕返しなど考えてはいけない。そんなことをしても、相手ではなく自分が傷つくことになってしまうだけなのだから。『パート4（十三）　仕返しはハイリスク』

怒りや憎悪を抱えるのは、敵に塩を送るのと同じ。

腹が立つ上司や同僚と闘い続けていると怖い顔になって、いらいらして最後は疲れ果ててしまう。そんなことはまったく意に介さずに自分の幸せを追求しよう。

私たちが自らの憎悪のせいでくたびれ果てて、神経を尖らせ、惨めな顔になり、心臓病を患い、そしてともすれば命を縮めているのだと知れば、敵は手を叩いて大喜びするに違いない。『パート4（十三）　仕返しはハイリスク』

幸せになる秘訣は
嫌なことを忘れてしまうこと。

誰かを許すのは相手のためではなく、自分のため。嫌なことを思い出してなんども怒り狂うほど時間のムダはない。ずっと恨みを抱えつづけるより、「もう忘れた！」と言って、スパッと切り捨てよう。

<small>私たちは聖人君子ではないから、敵を愛することなど無理かもしれない。だが自分の健康と幸福のために、敵を赦し、忘れるくらいのことならばできる。『パート4（十三）仕返しはハイリスク』</small>

誰かの言葉で
傷つくのは止めて、自分のための
大きな目標を立てよう。

他人から言われた言葉や評価が気になって
不安なときこそ、人生をもっと素敵にする
ための大きな計画を立てて、動き出そう。

人を許し、忘れるための確かな方法のひとつとは、自分よりも遥(はる)かに大きな信念に身を委ねることだ。『パート4（十三）仕返しはハイリスク』

人の怒りを収められるのは真摯な態度と情熱だけ。

職場で対立したときは、意見は違っても自分も相手も１つの目的に向かっているのだと考え、「じゃあ、どうやったら一緒に目的に向かえるか」を考えること。自分の正しさを証明しようとするのではなく、情熱を持って語りかけよう。

<small>自分ではなく信念のために話すローレンス・ジョーンズの心からの訴えに、若者たちの憎悪は和らいでいった。『パート４（十三）仕返しはハイリスク』</small>

感謝されることを期待するより、感謝できる人になろう。

人に感謝を無理強いしても、感謝されることはない。見返りを期待するのではなく、いつも真摯な気持ちで行動しよう。感謝されたときは純粋に喜び、自らも感謝できる人になろう。

恩知らずな人びとのことをぼやき続けたとして、いったい責任は誰にあるのだろう？　人間の本性に問題があるのだろうか？
『パート4（十四）　恩知らずに腹を立てずに済ませる』

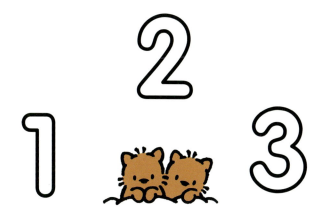

心が穏やかになるための3つのルール。

①恩知らずな人に腹を立てないこと ②人に見返りを求めず、与える喜びを感じられるようになること ③人に感謝できる人になること。

<small>幸福を手にするための唯一の道は、感謝を期待することではなく、与える喜びのために人に与えること。『パート4（十四） 恩知らずに腹を立てずに済ませる』</small>

してあげたことよりも、してもらったことに目を向けよう。

人にしてあげたことばかり覚えていて愚痴ばかり言っていると、人はいつしか離れていく。人にしてもらったことを思い出し、愛されていることを実感できる人のもとには、人が集まってくる。

彼女が本当に欲しているのは、愛情と思いやりである。彼女はそれを「感謝」と表現する。だが、自らそれを人に求める限り、与えられることはないだろう。『パート4（十四）　恩知らずに腹を立てずに済ませる』

ないものに目を向けて
落ち込むより、
あるものに感謝しよう。

今日寝る場所がある、仕事がある、友達がいる……。今持っているものの豊かさに気づこう。

彼があんなにも幸せそうで、明るく、そして脚がないことなど何でもないような顔をしているならば、脚のある私にそれができないはずがないと、自分に言い聞かせました。『パート4（十五）百万ドルと自分のすべてを引き換えにできるか』

問題の数ではなく、
幸せの数を数えよう。

人は、自分のダメな部分やネガティブな要素を大きく捉えやすい生き物。恵まれていないポイントを数えている自分に気づいたら、紙と鉛筆を用意して、恵まれているポイントを書き出してみよう。

<small>それは……問題の数ではなく、祝福の数をかぞえること。『パート4（十五）　百万ドルと自分のすべてを引き換えにできるか』</small>

自分らしさも魅力も、
自分で決めていい。

自分を変えたいなら、なりたい理想の自分にはどんな服が似合うのか、ファッション誌を眺めて考えてみよう。なりたい自分がイメージできたら、新しい自分に似合う服を買いに行こう。

自分の長所はなにかと考えてみました。どんな洋服ならば自分らしいのだろうと、色やデザインをあれこれ考えました。『パート4（十六）　自分を発見し、自分になる　この地上にあなたという人間はただひとり』

今までやったことが
ないことに挑戦しよう。

自分はこういう人間だ、という小さな檻から抜け出して、今までの自分がやらなかったことをやってみよう。新しいことに挑戦する度に新しい自分が見つかって、少しずつ勇気が湧いてくるはずだよ。

あの苦しい経験から得たものを、今では自分の子どもたちに教えています。たとえどんなことがあろうと、自分らしく生きなさいと。『パート4（十六）自分を発見し、自分になる この地上にあなたという人間はただひとり』

ありのままの自分で
堂々と生きよう。

コンプレックスを隠そうと右往左往するよりも、堂々とありのままの自分でいよう。自分の短所を魅力に変えられれば、そんなあなたを好きになってくれる人が集まってくるから。

キャス・デイリーは男の忠告を受け入れ歯のことを忘れると、それっきり観客たちのことだけを考えるようになった。(中略) みんなの人気者になったのだ。『パート4（十六）自分を発見し、自分になる この地上にあなたという人間はただひとり』

あなたはこの世に
たった一人の
魅力的な人間。

あなたの中には、他の人にはない稀有な能力や魅力が眠っている。誰でも、自分らしさを見つけ、自分の能力を引き出して生きることができる。そう信じよう。

地球が誕生してから今まで、あなたと同じ人間など誰ひとりとしていはしなかった。『パート4（十六）　自分を発見し、自分になる　この地上にあなたという人間はただひとり』

誰かをうらやむよりも
自分の強みを発掘しよう。

あなたは他の誰かになることはできない。他人に憧れるよりも、自分の得意分野は何かを見つめてみて。そこを磨いて、誰にも真似できない人になろう。

そうして私はミズーリの石頭を抱えたまま、「決して他人にはなれはしない」ということにも気づかず、人の猿まねをしながら何年も無駄にしてしまったのである。『パート４（十六）　自分を発見し、自分になる　この地上にあなたという人間はただひとり』

他の誰かみたいに
なろうとしていない?

「そのままのあなたでいいよ」って、誰かに言ってもらえたら、どれだけ安心できるだろう。あなたを攻撃する人よりも、ありのままのあなたを愛してくれる人、信じてくれる人を大切にしよう。

「どんな失敗も限界もそのままに、お前はデール・カーネギーその人にならなくちゃ駄目だ。他の誰にもなりようなどないのだから」『パート4 (十六) 自分を発見し、自分になる この地上にあなたという人間はただひとり』

自分の強みを
最大限に活かせば
誰でも幸せになれる。

「どうやったら、一度きりの人生を楽しく、幸せに生きられるのか」を考えて、あらゆるアイディアを書き出し、自分をプロデュースしてみよう。

あなたは、この世界にただひとりの、新しい人間だ。それは、とても素晴らしいことなのだ。『パート4（十六）　自分を発見し、自分になる　この地上にあなたという人間はただひとり』

庭を手入れするように、
丁寧に自分の世話をしよう。

美しい庭も放っておくと雑草だらけになってしまう。人生も同じ。毎日せっせと雑草を抜き、花を植え、水をまき、この世でただ一つのあなたの人生を美しく保つことが大切だよ。自分のいる環境を整えれば、心は自然と平穏になり幸福に包まれる。

どんなことがあろうと、あなたは自分の持つ小さな庭をせっせと手入れしなくてはいけない。『パート4（十六）　自分を発見し、自分になる　この地上にあなたという人間はただひとり』

今いる場所が
望んだところでなくても、
楽しむことはできる。

今いる会社、今いる部署、今やっている仕事が本当にやりたかったことではなくても、楽しみは見つけられる。自分の力で、人生を意味のある美しいものに変えよう。

<small>ふたりの囚人が鉄格子から外を見ていた。ひとりは地面を、ひとりは星空を見つめた。『パート4（十七）　レモンがあるならレモネードを作れ』</small>

人生のマイナスを
プラスに変えるために
作戦を練ろう。

今の自分に足りないもの、できないことを嘆く暇があるなら、自分の人生を変えるために立ち上がろう。今、自分に何が必要なのかを考えよう。

だが彼は一念発起すると一日十六時間をかけて勉強し、無知のレモンを知識のレモネードへと変えてみせる。『パート4（十七）レモンがあるならレモネードを作れ』

仲間のためになることを考え、
行動しよう。

一緒に働く上司や同僚、後輩の悪口を言うよりも、同じ目的のために一緒に働く彼らに関心を持ち、みんなのために何ができるのかを考えて行動しよう。

『ラルフ。もしあなたがみんなにちゃんと興味を持って自分になにができるかを考えれば、みんなもあなたのことを「みなしご」なんて呼んだりはしないわ』『パート4（十八） 二週間で憂鬱症から解き放たれる』

今までやっていた「やりたくないこと」をやめてしまおう。

思い切って、惰性でやっていた「やりたくないこと」をやめてみよう。すると、心に余裕ができて本当に自分がやりたいことが見えてくるよ。

ときには『ずっとベッドから出たくありません』という患者もいる。だが、ではそうしなさいと伝えれば、患者のほうからベッドを出てくるものだと私は知っている。『パート4（十八）二週間で憂鬱症から解き放たれる』

一日に一度、
誰かが笑顔になることをしよう。

一日一善は、楽しく生きるためのルール。
誰かが喜んでくれる顔を想像しているとき、
人は自分の不幸を嘆くことはできない。自
分のためにも、良い行いをしよう。

他者を幸せにしようと思うことで、自分のことを考えなくなるか
らである。人は、自分のことを考えるあまり不安や恐怖、憂鬱症
にさいなまれているのだ。『パート4（十八） 二週間で憂鬱症か
ら解き放たれる』

他人の人生に関心を持ち、聞き上手になろう。

上司も、同僚も、取引先の人も、それぞれ人生があり、夢や理想を持っている。相手の人生に関心を持ち、彼らの話に耳を傾けることで、思いやりが生まれ、良い人間関係が生まれる。

彼らも皆、問題を抱え、夢や理想を持つ人間なのだ。誰かにその話をしたくて、うずうずしているのだ。だが、あなたは彼らに話を聞いたことがあるだろうか？『パート4（十八）　二週間で憂鬱症から解き放たれる』

問題を曖昧にしないで
紙に書き出してみよう。

抱えている問題が曖昧な限り、具体的な解決策も見えてこない。自分が何に悩んでいるのかを紙に書き出して、明確にすることで、今どうすればいいのかが見えてくる。

祈ることにより、自分を悩ませているものはなにかを正確に言葉で表現する助けになる。(中略) 祈りとはつまり、自分の抱えた問題を紙に書き出すことと非常によく似ている。『パート5(十九) 両親はこうして不安を乗り越えた』

抱えている問題があるときは、
誰かに話してみよう。

苦しいことやつらいことを、一人で抱えていると解決策が見つかるどころか、落ち込む一方。そんなときは誰かに話してみよう。少し気が晴れたり、視野が開けて、解決する方法が見つかるかも。

ひどい重荷や苦しみに満ちた問題を、すべて自分で背負うことのできる人間など、そうそういるものではない。『パート5（十九）両親はこうして不安を乗り越えた』

足を引っ張られたり
批判されたりするのは、
価値があるという証拠。

「出る杭は打たれる」ということわざがあるように、人は、何かをなしとげ、注目を集めている人のことを叩きたくなるもの。批判されても、気にすることはないよ。

忘れてはいけない。人が誰かを蹴ったり批判したりするのは、往々にして本人が優越感に浸るためだったりするものなのだ。『パート6（二十）　死んだ犬など誰も蹴らない』

いわれのない批判には鈍感でいよう。

人は言いたいように言うもの。批判を止めることはできないけれど、その批判をどう受け止めるのかは自分で決められる。不当な批判には、心の耳栓をしてしまおう。

<small>私が「批判はなんでもかんでも無視しろ」と言っているのではないということだ。(中略)私はただ「不当な批判は無視しろ」と言っているにすぎない。『パート6（二十一）批判に傷つかず済ませる方法』</small>

前向きになるための
4つの質問。

①どんなミスをしたのだろう？ ②よかった点はどこだろう？ ③改善できるとしたらどんなことがある？ ④その経験から何が学べた？

夕食を済ませると私は自室に引っ込んでスケジュール帳を開き、月曜からの面談や話し合いや会議をすべて振り返る。『パート6（二十二） 私の愚かしい過ち』

ベストを尽くしたら、
どんな結果になっても
胸を張ろう。

成功しても、悪く言う人はいる。自分ができることを精一杯やったなら、人からの評価など気にせずに堂々としていればいい。

ベストを尽くすだけ尽くしたならば、首筋にしたたる批判の雨を防ぐため、古傘を広げればいい。『パート6（二十一）　批判に傷つかず済ませる方法』

自分のことを思って
意見をくれる
友人や先輩を大事にする。

人は誤った判断をしてしまう。だからこそ、
「この人の言うことなら聞いておこう」と
思える先輩や友人を持ち、迷ったときは客
観的な意見を聞くこと。

リンカーンは、ちゃんとした知識に基づき彼のためを思ってなさ
れた批判であれば、進んでそれを受け入れたのである。『パート
6（二十二）私の愚かしい過ち』

ライバルの意見には
ヒントがたくさん隠れている。

批判されたと思った瞬間、どうしても自分を守ろうと必死になってしまうよね。でも、「これって自分に何を伝えようとしてくれているのかな?」と考えてみると、否定的に感じた言葉がアドバイスに変わることもあるよ。

ラ・ロシュフコーは、こんなことを話している。「私たちに対して敵が持つ意見というものは、私たちが自分で持つ意見よりもよほど真実に近い」。『パート6(二十二) 私の愚かしい過ち』

ノンストップで
頑張るのをやめて
十分な休息を取ろう。

ほどよく身体を休めれば、仕事の効率は驚くほどアップする。昼休みに5分でも昼寝をしよう。仕事の合間に上手に休息を取ってリフレッシュしよう。

<small>彼は、疲労に襲われる前に休んでいたのである。こうして小まめに休息を取っていたからこそ彼は元気に、夜遅くまで働き続けることができたのだった。『パート7（二十三）　日々の活動時間をあと一時間増やすには』</small>

自分の不安を
友達や恋人に打ち明けてみよう。

頭痛や慢性疲労に苦しんでいる人の多くは、日々の心配事を抱えていることが多い。悩み事を一人で背負い込まずに、思いきって信頼できる人に吐き出してみよう。それだけで、心身の緊張から解放され、楽になれるから。

おそらく人は言葉にして話すことで問題そのものへの理解をすこし深めたり、客観性を持って見つめたりすることができるのだ。
『パート7（二十五）疲労と別れ、若さを取り戻す』

心に響いた言葉を
書き留めるノートを作ろう。

本で読んだこと、誰かの言葉など、自分を元気づけてくれた言葉を書き留めよう。憂鬱な気持ちになったときに読み返すと、その言葉が自分を救ってくれるきっかけになるかもしれない。

ボストン診療所では、こうしたメモを何年も取り続けている患者たちがいる。彼らはこれを「心の注射」と呼んでいる。『パート7（二十五）　疲労と別れ、若さを取り戻す』

友達や恋人の
短所にばかり目を向けず、
長所をリストアップしよう。

完璧な人間なんていない。相手の欠点に目を向けて愚痴をこぼすのをやめよう。意識すれば長所はどんどん見つかって、相手のことがもっと好きになるよ。

夫の長所をずらりと並べてみたならば、彼こそ理想的な結婚相手だったのだと気づくかもしれない。『パート7（二十五）　疲労と別れ、若さを取り戻す』

今取り組んでいる仕事以外のものはデスクから片づけよう。

デスクの上に書類が積み上がると人は混乱し、緊張し、焦ってしまうもの。見ているだけで疲労を感じてしまうから、今の作業に必要ないものは整理して、目の前のことに集中しよう。

机の上にあらゆる事案の関連書類を積み上げている人は、今取り組んでいるもの以外すべて片づけてしまうと、仕事がより迅速に、そして正確になる。『パート7（二十六）　疲労と不安を予防する四つの習慣』

重要な仕事から
手をつける習慣を
身につけよう。

優先順位を見極めて、重要な仕事にまず目を向けよう。前日の夜に予定を立て、何から手をつけるか決めてしまえば、効率がアップするよ。

どんなに給料を払っても得られない能力がふたつあるという。そのかけがえのない力とは、まず考える力のこと。そしてふたつめは、重要なものごとから順に片づける力である。『パート7（二十六） 疲労と不安を予防する四つの習慣』

問題が起きたとき、
後回しにしないこと。

決定を先延ばしにすればするほど、解決していない状況が続いて気にかかるし、時間と労力の無駄になる。問題が起きたら、その都度、結論を出すことを心がけよう。

未解決の問題がいくつも手つかずで放置されているという不安も消し去ることができた。『パート7（二十六）疲労と不安を予防する四つの習慣』

何でも自分でやらず、
誰かに任せる勇気を持とう。

人に仕事を任せられずに何でも自分で片づけようとしていると、常に追い立てられ、効率は落ち、チームも育たない。目標を達成するためには思いきって誰かに仕事を任せて、管理する能力を身につけよう。

計画し、人に任せ、それを管理する方法を知らない人は、往々にして五十代か六十代の序盤で、緊張感と不安感による心臓トラブルに見舞われることになる。『パート7（二十六）　疲労と不安を予防する四つの習慣』

プラス思考の秘訣は、
毎日自分を応援すること。

何かを成し遂げるのに必要なのは行動。そして行動をするために必要なのは、自分を応援し、励ますこと。自分に語りかける時間を持ち、自らのコーチとなって、成功へと導こう。

毎朝出かける前に、彼は鏡を覗き込むと自分にこう声をかけた。「カルテンボーン、食うためにはこれをしなくちゃいけないぞ。（中略）せっかくならば楽しむんだ。（後略）」。『パート7（二十七）疲れ、不安、イライラの元凶、倦怠感を消し去るには』

天職を見つけたいなら
人に聞いてみる。

時に他人のほうが、的確なアドバイスをくれることがある。やりたいことが見つからないなら、友達や先輩、または就職カウンセラーにこう尋ねてみよう。「私には何が向いていると思う？」。

そう、天職を見つけるというのは、健康のためにもとても重要なことなのだ。『パート８（二十九）　人生を変える決断』

つまらない仕事にこそ、
楽しむ工夫が必要。

仕事を退屈に感じると効率は落ち、疲労感が溜まってしまう。単調な仕事や、やりたくない仕事にこそ、ゲームのように楽しめる仕掛けを考えよう。そして、終わった後にはとびっきりのご褒美を。

毎日自分が午前中に何枚の契約書を作成したかを数え、午後にその記録と戦うのである。『パート7（二十七） 疲れ、不安、イライラの元凶、倦怠感を消し去るには』

「楽しいなあ」と
声に出しているうちに
本当に楽しくなる。

やりたくないことも、楽しんでいるフリをしてみよう。面倒だなと思う仕事でも、心を込めて取り組むと、いつの間にか本当に楽しくなってくるから不思議。

ウィリアム・ジェームズは、人はあたかも勇気があるように行動すれば本当に勇気が湧いてくるし、あたかも幸福であるようにしていれば本当に幸福になれるのだと説いている。『パート7（二十七）　疲れ、不安、イライラの元凶、倦怠感を消し去るには』

好きなことを
仕事にしよう。

どうやっても今の仕事が好きになれず、疲労困憊しているのなら、思い切って転職を考えよう。好きになれる仕事を見つけるには、子どもの頃どんなことにのめり込んでいたのかを思い出してみよう。

一般のビジネス界でも、自分の仕事が好きになれなければ心を病んでしまうのだ。『パート8（二十九）　人生を変える決断』

自分がやりたい仕事を
長年やっている人に話を聞こう。

興味のある仕事が見つかったら、すでにその仕事をしている人に話を聞きに行き、3つの質問をしよう。「生まれ変わっても、その仕事をしたい？」「どんな人が向いている？」「この仕事の長所と短所は？」

彼らに話を聞くことは、あなたの将来を左右する重要な意味を持っている。私も過去を振り返れば、二度そうして話を聞いたことが、人生のターニング・ポイントになっている。『パート8（二十九）　人生を変える決断』

あなたに向いている仕事は、ひとつではない。

希望していた職業に就けなくても、めげることはないよ。今やっている仕事が楽しくなる方法を見つければ、天職になる可能性も十分にあるのだから。

自分に向いている仕事はひとつしかないと思うなら、そんな間違った考えはすぐに改めること。どんな人でも、いろんな職業で成功できるし、いろんな職業で失敗する。『パート8（二十九）人生を変える決断』

お金のことが心配なら、
支出を一度書き出してみよう。

お金の不安が消えない人は、計画的なお金の使い方を知らない人。自分がどんなことにお金を使っているのか、まずは1ヶ月分でいいから書き出してみよう。

自分がどんなお金の使い方をしているのか把握することで、その後の予算計画が整理できるのである。お金の使い途を把握している人など、千人にひとりである。『パート9（三十）　私たちの悩みの七割は……』

収入の多さにかかわらず、お金の上手な使い方を考えよう。

お金の使い方が上手な人もいれば、下手な人もいる。自分でお金の管理をしたり計画を立てたりするのが苦手な人は、お金の管理のプロからアドバイスを受けよう。それだけで、お金の心配から解放されるよ。

予算計画とは、将来を悲観するために立てるものではない。むしろ、現実的な安心感を得て、不安から解放されるために行うものなのだ。『パート9（三十）　私たちの悩みの七割は……』

悩みが尽きないとき、
自分に質問すべき
たった1つのこと。

「今日」は、あなたが昨日不安に思っていた「明日」でもある。自分にこう問い掛けてみよう。「私が昨日思い描いていたとおりに心配していた現実が起きている？」

ふとかつての自分の体までをも蝕んだ、あの悩みごとのリストを発見しました。(中略)不安はどれひとつ、現実にはならなかったのです。『パート10 私を襲った六つの大問題』

日々の便利さに
目を向けよう。

スマホで何でも調べられて、誰とでも話せる。国内外どこにでも旅ができるし、自分の言葉を SNS で伝えることもできる。実は、僕らは、とっても自由で恵まれた時代に生きている。

それを読んでいると、確かに現状はよくないが、それでも昔よりはずいぶんいいのだという気持ちになってくる。『パート10　私を襲った六つの大問題』

人生から心配を追い出す 5つの方法。

①熱意を持って生きること ②読書を楽しむこと ③遊びを楽しむこと ④リラックスして仕事と向き合うこと ⑤問題を客観的に眺めてみること。

「二ヶ月後にはすっかり平気になっているはずなのに、なぜ今こんなに悩んでいるのだろう？ どうせなら、今から二ヶ月後と同じ気持ちでいるよう心がけるべきではないか？」『パート10 不安を消せる五つの方法』

昨日頑張れたなら、
今日も頑張れる。

明日の心配をするよりも、今日の自分を励まそう。昨日頑張った自分を褒めよう。明日のことは明日考えればいいのだから。

「昨日は頑張れた。今日も頑張れる。明日はどんなことが起こるのかなど、絶対に考えてはいけない」『パート10 昨日は頑張れた。今日も頑張れる』

自分の魅力に
気づいてくれる人と
一緒にいよう。

外見に自信がないなら、中身で勝負！ 足りない知識があるなら、今すぐ学びはじめよう。自分の得意なことや、できることをひとつずつ増やしていけば、必ず認めてくれる人が出てくる。

あの不安と恐怖とに打ち負かされていたら、私はきっと人生の敗残者になってしまっていたことだろう。『パート10　私はこうして劣等感を克服した』

体を思い切り動かせば、
心配事は自然に消えてしまう。

人間関係や仕事がうまくいっていないときは、とにかく頭ではなく体を使おう。クタクタになるまで体を動かすと、よく眠れるし、いつの間にか不安もストレスもどこかへいってしまうよ。

不安の最高の解毒剤は、運動だ。不安を感じたら頭より体を動かすようにすれば、きっとびっくりするような効果が現れる。『パート10　ジムでサンドバッグを叩くか、ハイキングに出かける』

悩み癖から抜け出す3つのルール。

思い悩むのは単なる思考の癖。抜け出すためには3つのステップがある。①自分がなにを不安に思っているのか書き出してみる ②問題の原因と解決法を見つける ③すぐに行動する。

今そうして不安に費やしている時間とエネルギーを解決のために使えば、不安になることなどなにもありはしない。君は、悩むという悪癖が習慣になってしまっているだけなんだ。『パート10 私は「バージニア工科大のお悩み男」だった』

小さな悩みを一緒に
笑い飛ばしてくれる人に感謝。

自分に起きている問題を笑い飛ばせている限り、不安に苛まれることはない。思い悩んで抜け出せないときは、「大丈夫、大丈夫」と、声をかけて、気持ちを上向きにしてくれるポジティブな友人や先輩を頼ろう。

自分のことをあまり深刻に考えすぎないということだ。つまらない悩みなど笑い飛ばしてしまえば、不安など追い払えるのだと分かるだろう。『パート10　かつて私は世界最悪の間抜けだった』

すべてのことに、まっすぐ向き合おう。

不誠実で怠慢な態度は、ものごとを悪い方向へと導いてしまう。日々のことすべてを丁寧に扱い、誠実な気持ちで接していれば、罪悪感や不安を抱くことはなくなるよ。

「あらゆることに対して百％誠実に向き合う」というルールを徹底したことだ。(中略) 不誠実でいれば、つまらないことでもたくさんの不安を生み出す種になってしまうからだ。『パート10 常に補給線を確保してきた』

ゴミ箱にゴミを捨てるように
不安も捨ててしまおう。

まず、心配事や不安を紙に書き出してみよう。書き出したらその紙を、不安と一緒に丸めてゴミ箱に捨ててしまおう。それだけで、心がスッキリするよ。

あのとき以来、私はもう必要のない不安はすべてゴミ箱に捨ててしまうことをルールにしています。『パート10 皿洗いをする妻の姿を見て、不安を乗り越えた』

悩む時間がなくなるほど、
毎日予定でいっぱいにしよう。

やることがたくさんあるときは、悩む時間なんてない。気になることがあるときほど、その日の予定を真っ黒にして、仕事をして、遊んで、忙しくしていよう。

「人が不幸になるのは、自分が幸か不幸かあれこれ頭を悩ませる暇があるからだ」。とにかく活動し、忙しくすることだ。『パート10　答え──それは忙しくすることだ！』

時間があらゆる悩みを
解決してくれる。

心が苦しいときは、何が自分を苦しめているのかを紙に書き出して、その紙を引き出しにしまってしまおう。2週間たってからもう一度見てみると、大抵の問題は解決しているはず。

私は分かったんだ。じっと待ってさえいれば、人を悩ませる問題など風船に穴を開けたみたいに消え去ってしまうものだとね。
『パート10 時間はあらゆることを解決してくれる』

不幸になるのも習慣、
幸せになるのも習慣。

不安を感じて不幸な気持ちになるのは、人生で培った習慣で、癖のようなもの。意識して不安を追い出して、幸せになるための習慣を身につけよう。

仕事を終えてデスクを片づけるときには、すべての問題を胸の中から追放してしまうよう心がけてきたことだ。『パート10　偉大なる追放者』

良い言葉が、
良い環境、良い仲間を呼ぶ。

相手の欠点を指摘してやる気をそぐよりも、いいところを探して褒めるほうがいい。ポジティブな言葉に英気が養われ、チームの結束力も強くなり、何より自分のテンションもあがるよ。

選手たちの欠点を指摘して士気をそぐのではなく、いいところを褒めて鼓舞することにした。『パート10　あのまま不安任せにしていれば、とっくに墓場行きになっていた』

仕事のことを
忘れる時間を持とう。

時には、仕事から離れて、新しい世界を見に行こう。これまで見たことのない景色を見に行って、初めてのお店でおいしいものを食べ、今まで縁のなかった分野の知識をインプットすれば、新しい道が開けるよ。

彼は仕事をやめてゴルフを憶え、ガーデニングをし、隣人とおしゃべりをし、トランプに興じ、歌を唄った。(中略)いくら稼げるかなど考えるのはぴたりとやめ、金でどれだけ人を幸せにできるかを考え始めたのだ。『パート10　ジョン・D・ロックフェラーが四十四年も寿命を延ばせた理由とは』

何があっても、
「自分の人生から逃げない」
と決める。

困難なことがあっても、「自分にはできる」
と自分を励まして、壁を乗り越える決心を
しよう。あなた自身が自分の人生を諦めな
い限り、必ず、必ず道は開ける！

自分に負け、神経も心も荒れるに任せてしまった私のことを、母
は叱責してくれました。「目の前の状況と闘うのではなく、恐れ
てどうする。人生を生きず、逃げ出してどうする」。『パート10
　私に訪れた本当の奇跡』

D・カーネギー著／田内志文訳
『新訳　道は開ける』(角川文庫)から訳文を転載しました。

ブックデザイン　　福間優子
原稿協力　　MARU

ポチャッコの『道は開ける』
不安から自由になる行動法

2019 年 2 月 28 日　　第 1 刷発行
2022 年 11 月 30 日　　第 5 刷発行

編　者　　朝日文庫編集部
発行者　　三宮博信
発行所　　朝日新聞出版
　　　　　〒 104-8011　東京都中央区築地 5-3-2
　　　　　電話　03-5541-8832(編集)　03-5540-7793(販売)
印刷製本　　大日本印刷株式会社

©2019 Asahi Shimbun Publications Inc.
©2022 SANRIO CO., LTD. TOKYO,JAPAN Ⓗ
キャラクター著作　株式会社　サンリオ
Published in Japan by Asahi Shimbun Publications Inc.
ISBN978-4-02-264915-7
＊定価はカバーに表示してあります
落丁・乱丁の場合は弊社業務部（電話 03-5540-7800）へご連絡ください。
送料弊社負担にてお取り替えいたします。